Die Gedichte von Rudi Marvin
mit Bildern von Hans-Dieter Sumpf

Rudi Marvin und Hans-Dieter Sumpf haben sich gefunden. Am Anfang war das Wort. Und dann kam das Bild. Und es wurden viele Bilder. Die vorliegenden Gedichte stammen aus über vierzig Jahren literarischer Tätigkeit. Rudi Marvin, 1952 in Pforzheim geboren, hat sie wiederentdeckt, für gut befunden und zu einem Buch zusammengestellt. Hans-Dieter Sumpf, Jahrgang 1948, geboren in Stuttgart, blickt ebenfalls auf eine lange Zeit künstlerischen Schaffens zurück. Er hat sich beim Lesen der Gedichte „in einen Taumel gezeichnet". Mehr und mehr entstand so dieses Buch, eine wunderschöne Gemeinschaftsproduktion.

Impressum
© 2015 Texte: Rudi Marvin
© 2015 Illustrationen: Hans-Dieter Sumpf
Druck & Verlag: epubli GmbH, Berlin, www.epubli.de
Printed in Germany

Die Gedichte von Rudi Marvin mit Bildern von Hans-Dieter Sumpf

Kapitel

Prolog

Womit das Ganze anfängt. Und überhaupt:
Was ist kein Gedicht?

KEIN GEDICHT

Ich hab mein Gesicht schon in viele Winde
gesteckt, wie man's hierzulande so tut.
Das war interessant, aber trotzdem, ich finde,
ich weiß nicht so recht, wozu war es denn gut?

Ich habe gelernt, Hitze leicht zu ertragen
und Durchfall als kleineres Übel zu sehen,
bei Misshelligkeiten nicht gleich zu klagen
und außerdem, Knöpfe an Hosen zu nähen.

Ich kann nicht mehr weiter, ich kann's einfach nicht.
Ich will keine Verse, ich will kein Gedicht.
Ich will meine Ruhe, ich weiß nur nicht wo.
Ich bringe mich um, doch ich tue nur so.

Die bizarre Welt der Kinder

Vom Cowboy, der Tag und Nacht das Lasso schwingt, vom Nilpferd mit einer ziemlich außergewöhnlichen Geschäftsidee, von viel Zärtlichkeit im Indianerzelt und: Was denkt der Tiger im Zoo über die Menschen?

IN DER WILHELMA

In der Wilhelma grüßt Tiger seine Frau:
„Schau,
die Menschen sind heute so knusprig,
wie frisch aus der Pfanne oder frisch vom Rost,
dazu noch ein Bierchen, das wär's dann,
Prost!"

AUSZÄHLREIM

Minni Minni Minni-Maus,
sieht so schön, zum Küssen aus,
hält das Mündchen zu,
und drauß bist du.

HEXENSPRUCH

Verkehrt ist richtig,
Denken nicht wichtig.

14

IST EIN NILPFERD

Alle Tiere im Zoo
freun sich am Nilpferd so.
Denn das Nilpferd war schlau,
hatte es satt, dieses Grau,
ließ sich vom Maler bemalen.
Jetzt muss man halt´s Doppelte zahlen.

IM INDIANERZELT

In den Zelten ist es warm. Die Frauen
fühlen sich behaglich, schauen,
dass kein Baby frieren muss.
Gute Nacht, ein feuchter Kuss,
und ein kleines Feuer knistert,
und der Oma Stimme flüstert:
Schlafe, schlafe, schlafe ein.

DIE TEICHNIXEN

Die Nixen, die fixen,
sie tauchen im Teich,
sie mixen und tricksen
die Teichkiesel weich.
Sie schlafen so gerne
am Teichboden ein.
Man sieht sie von ferne,
so schön und so klein.

DIE MODISCHE MAUS

Man trägt zur Zeit Pünktchen
und links einen Damenschuh,
am Abend sagt man „Gut's Nächtle"
und morgens „Ja halluh".

DAS MARSUPILAMI
(feat. André Franquin)

Tau tropft noch von den Blattspitzen der Urwaldbäume,
schon saugt die Sonne das Wasser in die Atmosphäre
und das Toben und Brüllen und Keckern und Zwitschern der Tiere
hat überhaupt nicht aufgehört.
Meister Marsupilami kennt das alles,
verabscheut das alles
und liebt das alles.
Denn er ist der wirkliche Herrscher des Dschungels.
Mit seinem Faustschwanz öffnet er die Kokosnuss,
fällt er die Bäume
und haut dem Puma in die Schnauze,
dass der nur noch „Enschulligen Sie bidde" flötet.

BARBIE AUS AMERIKA

Barbie mit den langen Haaren,
die Kinder lieben dich seit Jahren.
Du kommst scheint's aus Amerika,
wo Menschen Jim und Joey heißen,
man spricht Amerikanisch da
und tut auf weiches Toastbrot beißen.
Du bist perfekt, man sieht's dir an,
und liebst ganz furchtbar deinen Mann.

DER FASCHINGSZAUBERER

Er zaubert das Ei aus dem Dotter,
er zaubert das Wort aus dem Stotter,
er zaubert die Bilder aufs Blatt,
er zaubert die Fältelchen glatt,
er zaubert und zaubert und zaubert
und wenn ihr mir das alles glaubert,
dann zaubert er auch euch
zum Kaninchen in seinen Hut,
da ist es warm, da ist es gut.

COWBOY

Lasso-, Film- und Fernsehstar
Cowboy schwingt, das ist doch klar,
lässig Lassos, ohne Mühe,
abends, nachts und in der Frühe.
Morgens ruht er sich dann aus
zwischen seinen vielen Schaus.
Lassos wirft er kreuz und quer.
Darum, Leute, Lassos her!

AUS DER REIHE SEERÄUBER, PIRATEN UND ÄHNLICHE UNGEHEUER

Es lacht der Pirat aus dem Grund seiner Kehle,
er kennt kein Erbarmen, er hat keine Seele,
er vespert 'ne Ratte zu Mittag vom Schwanz her
und hält die Piratin am Abend als Tanzbär.
Sie tanzt an dem Seil durch den Ring an der Nase.
Oh wo ich, oh weh ich, oh wie ich dich hasse!

WEIHNACHTEN

Hallo, he, du Weihnachtsmann!
Auf, 's geht los, zieh dich warm an.
Geh in 'n Keller, hol Geschenke,
lad sie in den Schlitten, lenke
das Gefährt aus der Garage.
Gegen Kälte nimm 'ne Flasche
Schnaps, und dann aus ihrem Stall
hol die Rentiere. Ein Knall
mit der Peitsche. Schon geht's ab.
Um die Kurve – etwas knapp!

Und der Schlitten schlittert heftig,
und es staubt dahinter kräftig,
und die Tiere schnauben laut,
wenn sie Niklas' Peitsche haut.
Alle Kinder warten schon.
Es ist spät, das kommt davon,
dass der alte Weihnachtsmann
halt nicht mehr so richtig kann.
Doch jetzt ruft's, man hört es schallen:
„Alles klar, ich komm zu allen."

Jugend und andere Probleme

Nicht nur Menschen haben Probleme mit der Erziehung. Was hat ein Bier am Freitag damit zu tun? Von kläglichen Annäherungsversuchen an das weibliche Geschlecht und: Im Mittelalter war's auch nicht besser.

DIE PUBERTÄT

Und wieder wird ein Kind erwachsen
Und macht die gleichen dummen Faxen
wie sein Papa. Der ist entsetzt und
denkt: „Verdammt,
nicht grad am Freitag, allerhand!
Am Freitag will ich meine Ruh,
da macht man Pause mit der Pu-
bertät. Die ist so schwierig.
Stattdessen lieber trink ein Bier ich.“

ERZIEHUNG

Entenmutter schwimmt im Teich,
Entenkind wird's Knielein weich,
schwimmt gerade so zwei Stunden,
hat schon Blasen, hat schon Wunden,
stöhnt: „Ach – quak – ach, Mutter, stopp!
Drück mal auf den Halteknopp.
Bin doch eben mal geboren,
muss noch klein're Löcher bohren."
Doch die Mutter lässt 'n Furz:
„Weiterschwimmen!! Life is kurz."

LIEBES GEDICHT

Es friert mich an den Füßen,
so'n bisschen.
Hilf mir mit deinen Küssen,
nur'n Küsschen!
Oh weh, mir geht die Welt in Brüche,
so was soll's ja geben.
Nun ja, es helfen keine Flüche,
dann lass ich's eben.

JUNGER MÄDCHEN LIEBE

„Das geht mir doch zu schnell.
 Wir bleiben Freunde, gell!"

VERLIEBTES ZWIEGESPRÄCH

„Lass mich, falls es dich nicht stört,
doch mit deinen Lippen spielen
und, obwohl sich's nicht gehört,
unter deinem Hemdchen wühlen.
Lass mich dann vielleicht auch eben
noch ein wenig dreister sein
und dir unters Röcklein heben,
was dir sicher Spaß macht." –
        „Nein!"

KUNSTWERK

Du bestehst aus Knochen
und darüber ist Fleisch, gibt's Organe,
spannt sich die Haut.
Alles, wie es sich gehört.
Doch wenn du dann im Bikini
die Schultern vorreckst,
wenn du deinen Kopf nach hinten wirfst
und mit aufgestützten Armen
mich anlachst,
könnt' ich ausflippen.

MINNESANGS HERBST

Ein Minnesänger, sehr gewandt
in höf'scher Sitte,
frug eine Frau von hohem Stand,
ob sie ihn litte.
Die Frouwe sprach zu ihm: „Nanu,
was will denn dieser!
So lasse er mich doch in Ruh,
er Zwerg, er mieser."
Der Sänger war bestürzt,
sein Leben wurd' gekürzt
durch einen Sprung vom Turm.
Da steckt im Minnesang der Wurm

Wunderliche Natur

Von Vögeln, die zu laut singen, und Hunden, die gar
nicht mehr aufhören können zu bellen. Vom Kampf
zwischen Bergen und Meer. Warum gefällt mir der
Frühling eigentlich besser als der Sommer?
Und: Der Bärenberg ist die höchste Erhebung des
Albuch auf der Schwäbischen Alb.

DER BERGFINK

Der Bergfink, er kommt aus Sibirien
und zählt zu den seltsamsten Tirien.
Meist fliegt er in riesigen Schwärmien
im Frühjahr zu uns sich zu wärmien.
Er sitzt gern am Boden, kackt Kot.
Auf Straßen, da fährt man ihn tot.
Erschrickt er vor Wanderers Füßen,
dann flieht er und Hitchcock lässt grüßen.
Denn fliegt einer los, irgendwer,
gleich stürzt ihm der Schwarm hinterher.
So sieht man am Himmel sie flitzen,
was soll dieses Tierchen nur nützen!
Vielleicht fliegt's zurück nach Sibirien,
um dort nach dem Flug zu erfrierien.

DER HASE SITZT ...

Der Hase sitzt
in seinem Häuschen
und macht ein
Hasenkötelpäuschen.

NIEDER MIT DEN FLIEGEN

Nieder mit den Fliegen, sag' ich,
denn die Fliegen nicht ertrag' ich.

DER FLIEGENSCHRECK

Ich bin der Fliegenschreck,
ich mach aus Fliegen Dreck.
Die Fliegen fürchten sich
vor mir ganz fürchterlich.
Im ganzen Fliegenland
bin ich als Schreck bekannt.
Dort hängt mein Steckbrief aus
an jedem Fliegenhaus:
Tot oder lebend fass
den Fliegenschreck aus Hass!
Doch schnell schlag ich dann zu,
dann hat die Fliege Ruh.
Ich bin der Fliegenschreck
und putz die Fliegen weg.

PHILIPPUS SASS AM AST

Philippus saß am Ast.
Sanft schwengelten seine Hinterbeinchen.
Die mittägliche Wärme goss
seine innerste Überzeugung
in unveränderliche Gewissheit,
dass eine jede Zikade zu zirpen habe.

NOTIZEN ZUM HUND

Hund, bellender –
dein Gekläffe schleicht sich in meine Träume
des Nachts.
Ich kann dich nicht verstehen.
Kann irgendjemand Hunde verstehen?
Du bellst, kläffst, heulst, jaulst die ganze Nacht.
Und das seit Monaten und Jahren,
wie das Gästebuch in unserem Ferienhaus versichert.
Auch am Tag höre ich dich,
da reißt du deine Hundekollegen mit,
in einer Orgie aufgeregter, empörter, völlig untröstlicher Laute.
Und ihr bellt im dissonanten Chor,
einer oben, einer unten, einer in der Mitte,
mit unterschiedlichen Rhythmen, manchmal konstant,
manchmal mit trügerischen Pausen.
Was macht euch bellen, ihr Hunde?
Und das so beständig.
Eigentlich bewundernswert.
Seid ihr allein gelassen?
Folgt ihr einem unbeherrschbaren, völlig irrationalen
und auch dem Evolutionstheoretiker unbekannten Triebe?
Ich liege im Bett und versuche nicht darauf zu achten.
Es gelingt mir nur selten.
Und so endet dieses Gedicht
mit dem hilflosen Appell:
„Hund, halt die Schnauze!"

MÄRZ

Die Wiesen werden mühsam bunter,
denn eisig braust's vom Himmel runter.
Wir dachten schon, jetzt wird es trocken,
doch wieder schneit es weiße Flocken.
Was soll der Mist, wo bleibst du, Frühling?
Für Hoffnung hast du scheint's kein Feeling.

Das Gedicht ging an Walter Wojcik in Amerika.
Er hat ein „Counter-Maerz-Gedicht" geschrieben.

You wrote that blossoms soon would bloom
and after the rain and all the gloom
the fields would dry and color loom
but mother nature lies ...

Alas the flakes of white have us surprised
and drifts of snow before our eyes
have cars on freeways paralyzed.
And tempers riled ...

And as if April first had smiled
the snow just melted from its piles
and echoed predictions across miles,
Like an evil play ...

FRÜHLING

Grüne Wiesen,
gelbe Hühner
und im Ei ein junges Küken.
Menschen niesen,
während kühner
Jünglinge ihr Bräutchen drücken.
Noch vom Winter
hört man Kinder
ihren kleinen Husten pflegen.
Doch nicht minder
wird es linder,
trotz dem Schnee und trotz dem Regen.
Frühling freuet jedes Herz
jedes Jahr ab Monat März.

WAS FÜR'N MAI

Maienwiesensträußchen,
Knabberzieselmäuschen,
Flatterfreudeseelchen,
Blauweißgrünrotkehlchen.
Vögel zwitschern laut,
bis sie einer haut.

SOMMER

Der Himmel sendet Mittagsglut,
die Schnaken saugen Menschenblut,
die Kinder schlafen nur mit Mühe.
Ich hätte gerne meine Rühe.
Ich sitz' im Schweiß und fühl' mich schlecht.
So ist's dem blöden Sommer recht.

DER WIND WEHT VOM MEER

Der Wind weht vom Meer,
und das nicht nur sehr,
auch weiß man nicht, wer
ihn wieder abstellt.

ES HAUT DIE WELLEN ...

Es haut die Wellen an den Strand.
Das ist schon lange so bekannt.
Und trotzdem freut es die Touristen.
Als ob sie es nicht besser wüssten.

LA MER

Das Meer schwappt hin,
das Meer schwappt her,
es hat es recht gemütlich.
Mal liegt es ruhig, mal tobt es sehr,
es ist ganz unterschiedlich.
Es ist so über Maßen groß,
die Freiheit liebt es grenzenlos.
Vielleicht, dass es dereinst mal küsste
die Freiheitsstatue auf die Brüste.

MEER UND BERGE

Das Meer ist falsch,
das Meer ist trüb,
nur wir Berge,
wir sind lüb.

DER ABEND, GEOGRAFISCH GESEHEN

Nun ist der Tag schon ziemlich matt,
die Sonne hat das Strahlen satt.
So denkt man. Doch sie strahlt ja weiter.
Nur tut sie's jetzt im Westen, leider.

EIN BISSCHEN HERBST

Gestern war der Tag noch ziemlich lang
und heut' verspürt er schon den Hang,
sich etwas zu verkürzen.

Die Sonne hat nichts mehr zu tun,
die Wolken sind ja eh' so nieder.
Ich wollt', ich könnte auch mal ruh'n,
doch gibt es Arbeit hin und wieder.

Lasst doch mal die Vögel raus,
damit sie wieder singen.
Man hält's ja ohne sie kaum aus
und fängt schon an zu spinnen.

DIE GRAUSAME GESCHICHTE VOM BÄRENBERGBÄR

Es bellt der Hund, es miaut die Katze,
der Vater schnarcht auf der Matratze.
Auch die Mutter schläft, denn es ist schon spät,
während draußen der Mond scheint, kein Lüftchen weht.
Vom Wald her hört man's rülpsen und schmatzen.
Familie Wildschwein frisst deftige Batzen.
Vergnügt wälzt im Matsch sich, die Mutter, die Sau,
mit Wutz spielt der Frischling Sabinchen Mau-Mau.

Was tappt da plötzlich durch den Forst?
Sind's Büffel, sind's Hirsche, ist's Förster Horst?
Es schnaubt und es keucht und es brüllt manchmal laut.
Da fährt's einem kalt über Rücken und Haut.
Die Waldmaus versteckt sich im sicheren Loch,
die Eule schraubt schnell sich zum Baumwipfel hoch.
Und schon grollt es heftig, die Erde erbebt:
Der Bärenbergbär, dieser Mörder, er lebt!

Er sucht sich ein Opfer, hat lang nichts gefressen,
drum ist er ganz wild, wie vom Teufel besessen.
Es sabbern die Lefzen, es schnüffeln die Nüstern,
die Wolken am Himmel den Mondschein verdüstern.
Familie Wildschwein ist plötzlich ganz leise,
der Opa, Franz Keiler, er grummelt nur „Scheiße!"
Da hat ihn der Bärenbergbär schon gerochen
und ist durch's Gebüsch in den Saupfuhl gebrochen.

Dort packt er den Alten, der brüllt infernalisch,
es fliegen die Fetzen, es stinkt bestialisch,
dann knackt es, dann schmatzt es, dann ist's wieder still –
ob Bärenbergbär eine Nachspeise will?
Die Frischlinge knabbern entsetzt an den Karten.
Wie grausam: Der Unhold lässt lang auf sich warten.
Sie zittern, die Kleinen, und machen sich nass,
ganz leise weint Wutz und Sabinchen ist blass.

Dann löst sich die Spannung, man muss nicht mehr bangen,
der Bärenbergbär ist zur Siedlung gegangen.
Im Haus schläft die Mutter, der Vater sägt Bäume,
das Baby träumt glückliche Nimmerlandsträume.
Das Mondlicht ist trübe, der Sturmwind heult schaurig,
die Sterne am Himmel, sie zittern so traurig.
Der Bärenbergbär hat das Hoftor erreicht,
der Hund bellt „Wacht auf!", dass es Steine erweicht.

Die Katze springt fauchend hinauf auf die Staude
Und stellt ihre Haare, als ob es ihr graute.
Der Bär hat noch Hunger, er wittert jetzt leise,
als Nachtisch verlangt er nach kleinerer Speise.
Sein riesiges Haupt wendet hin sich und her,
es funkeln die Augen vom Bärenbergbär.
Dann hört man es splittern, als wären es Bretter,
es donnert vom Himmel, ein schreckliches Wetter.

Es zucken die Blitze, es schreit und es stöhnt,
als ob die Natur ihre Kinder verhöhnt.
Der Regen, er plattert so plötzlich herunter,
im Haus wird der Vater, die Mutter wird munter.
Sie sehn voll Entsetzen ins Bettchen zum Kind.
Es zucken die Blitze, es heulet der Wind.

Das Kind liegt im Bettchen und es schläft dort ganz friedlich.
Das Näschen, die Bäckchen, wie ist es so niedlich.
Auch draußen im Hof ist es wieder ganz still,
und es ist wieder dunkel, drum sieht man nicht viel.
Die Eltern, sie gehen zurück in ihr Zimmer
und legen sich schlafen. Es ist fast wie immer.
Der Vater schnarcht bald schon auf seiner Matratze,
doch bellt nun kein Hund und es miaut keine Katze.

Was das Leben so bietet

Der Petersdom in Rom als sinngebende Örtlichkeit,
Begegnung mit der Schlange, Diskussion über
ein widersprüchliches Körperteil, was Mütter mit
unappetitlichen Säuglingen zu tun haben und
überhaupt: Lieber Gott, hau sie alle!

FÜR'S POESIEALBUM

An der Wand hängt ein Kalender,
Tage, Wochen, Monat kennt er,
außerdem, das ist doch klar,
weiß er jedesmal das Jahr.
Doch ich schau ihm ungern zu,
denn er kennt halt keine Ruh'.
Kennst sie du?

SCHNELLGEDICHT

Steine liegen seit Millionen
Jahren rum, die einen lohnen
sich, die andern nicht.
Fertig ist das Schnellgedicht.

HILFE

Helft, ich treibe
auf dem Wasser.
Sagt's dem Weibe
vom Verfasser.

LANG IST DAS LEBEN

Lang ist das Leben,
kurz ist der Furz.

GLOBAL WARMING

Und wenn sie draußen noch so heizen,
ich bleib im Haus und trink mein Weizen.

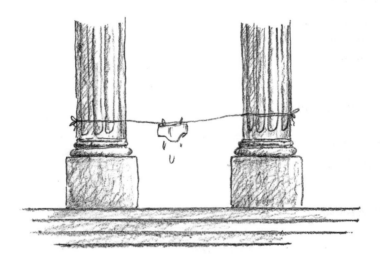

RUDIS ROMA

Cäsar blickt mit blinden Augen
in das staunende Gewühl.
Alte Überreste saugen
Menschenmassen, bleiben kühl.
Der Papst macht Ferien von Gott,
entfernt von Rom im Swimming-Pool.
Ein schwitzender Tourist, ganz rot,
trinkt kühles Bier im Liegestuhl.
Ein Autostopper aus dem Norden
denkt drüber nach im Vatikan,
wo er an diesen heil'gen Orten
die Unterhosen waschen kann.
Im Petersdom, bei gold'nen Lüstern,
in Ecken, seien sie noch so klein,
verwandeln Priester unter Flüstern
geschwind in göttlich Blut den Wein.

Das Gedicht habe ich im Jahr 1975 geschrieben. Da war der Vietnamkrieg noch im Gange. Die erwähnten Personen sind Mao Tsetung, der damalige Chef der Volksrepublik China, Richard Nixon, Präsident der USA, Breschnew, Chef der Sowjetunion, Iwan Rebroff, deutscher Opernsänger russischer Herkunft, Papst Paul der Sechste, Fidel Castro, Chef des kommunistischen Kuba, Idi Amin, Staatspräsident und Massenmörder aus dem afrikanischen Uganda, Franz-Josef Strauß, charismatischer CSU-Politiker aus Bayern, und Van Thieu, amerikanische Marionette im Vietnam-Krieg.

UND MAO LABT SICH AM GUGLHUPF

Und Mao labt sich am Guglhupf,
während Nixon durchaus fordert,
dass Breschnew die Balalaika zupf,
der dazu Iwan Rebroff beordert.

So ist die ganze Prominenz versammelt,
der Papst schmeißt heut eine große Fete.
Es erschien auch, obwohl ein bisschen vergammelt,
Fidel Castro, und Idi Amin spielt auf der Trompete.

Im Kühlschrank liegen die Sektflaschen kalt,
die die Katholiken von Auerbach dem Papst verehrten,
es ist schon elf Uhr abends und bald
muss etwas Besonderes gefeiert werden.

Paul 6 erfuhr neulich aus besten Quellen
(manche Heiden glauben es immer noch nicht,
und bei anderen schlug es große Wellen):
Um zwölf Uhr heut Abend ist Jüngstes Gericht.

Mit Hostien sind sie alle eingedeckt,
der Papst nimmt keine Bestellungen mehr an.
Er selbst hat schnell noch zwei Dutzend versteckt,
bevor das große Fest begann.

Franz Josef Strauß gröhlt Kirchenlieder
Und klopft sich im Takt dazu auf die Schenkel.
Daneben nippt Bier aus dem Krug hin und wieder
Van Thieu und hält sich verkrampft an dessen Henkel.

Vielleicht sollte man nicht zu erwähnen vergessen:
Es gibt gebratene Haifischflosse mit Reis,
Kapern- und Currysauce zum Essen,
dazu einen Underberg, weil man nie weiß.

WAS IST DER MENSCH?

Jedes Tier hat seinen Reim,
nur der Mensch nicht …
Es bellt der Hund,
er ist gesund.
Es kaut die Kuh
in aller Ruh.
Und auch das Krokodil,
es frisst und denkt nicht viel.
Was ist der Mensch? Mit dieser Frage
beginnt die große Lebensklage.
Er liegt in langen Nächten wach
und denkt über Versäumtes nach.
Und trifft ihn mal ein kleines Schlägle,
schon putzt es ihn vom Lebenswegle.
Was ist der Mensch? Ein armer Hund,
er heult sich an dem Leben wund.
Was ist der Mensch? Ne dumme Kuh,
er kaut am Leben immerzu.
Was ist der Mensch? Ein Krokodil,
sich selber quälen ist sein Ziel.
Und wenn du dich 'nen Mensch nennsch,
dann weil du dich nicht selbst kennsch.

ZWEI LIMERICKS

Es liebte ein alter Watussi
noch immer ganz gerne ein Bussi,
doch biss ihn mal eine
in die Zunge hineine.
Da biss er zurück in den Fuß sie.

Es traf ein Inder aus Goa
im Dschungel auf eine Boa,
er sprach keinen Ton
und lief nicht davon.
Er stand einfach nur davoa.

LIMERICK

Ein älterer Bischof aus Schwerte,
der die Schwaben besonders verehrte,
gestand beim Essen in Gmünd,
dass er zwar nur wenig verstünd,
aber Schupfnudeln gerne verzehrte.

*Schupfnudeln, wegen ihrer Form auch Bubespitzle
genannt, sind eine schwäbische Spezialität auf
Kartoffelbasis.*

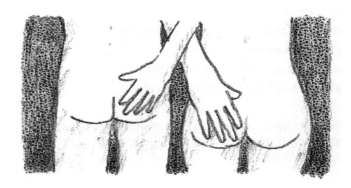

Im Gedenken an Pop-Opa Goethe, der da sagte:

„Gib mir statt der Schwanz ein ander Wort, o Priapus,
denn ich Deutscher bin übel als Dichter geplagt.
Griechisch nenn ich dich Phallos, das klänge doch
prächtig den Ohren. Und lateinisch ist auch Mentula
leidlich ein Wort. Mentula käme von Mens, der Schwanz
ist etwas von hinten. Und von hinten war mir niemals
ein froher Genuss."

POP-ODE ODER DIE ODE AN DEN POPO

Verlacht,
verachtet,
fäkalienbefrachtet.
Ein Witz.
Wer bist du? Besitzer des Örtchens?
Geschlagen durch Unsinn des Wörtchens.
Ein törichter Autofahrer bist du.
Nun lachet, ihr Leser, denn euch ist der Popo desgleichen geläufig.
Doch trinket ihr etwa der „dummen" Kuh Milch nicht auch gerne und
häufig?
Wer bist du denn, Herz, und wer bist du, Gehirn!
Als Zentrum des Körpers betrachtet man beide euch girn.
Doch der Dichter lebt mehr von der Spannung des Wortes.
Das Schöne ist schön und bleibt schön im Gestank des Abortes?
Eine wohlgeformte Rundung bist du,
eine weiche Wunderwelt der Haut bist du,
ein fester Halt für meine Hand bist du,
ein noch zu entdeckendes Land bist du,
du bringst mich um den Verstand, du, du,
du bist, du bist für mich kein Witz,
ich bin, ich bin auf dich ganz spitz.

Doch manche Frau sagt eher barsch:
So richtig knackig ist sein Arsch.

DIE UNPÜNKTLICHE BAHN

Unbequemerweise
lag auf dem Geleise
ein Mann.
Fest war er gebunden
schon seit vielen Stunden
daran.
Es ließ auf sich warten
auf dem Gleis, dem harten,
die Bahn.

DIE LEICHE SCHORSCH

Im Grab lag eine Leiche,
schon lange war sie tot.
Sie lag bequem und weiche
in feinem Maulwurfskot.
Der Grabstein war verwittert,
der Sarg ein bisschen morsch.
Sie war darob verbittert,
die Leiche namens Schorsch.

LEBENSLAUF

Am Abend sieht er fern,
am Morgen steht er auf,
das hat der Mensch halt gern,
das ist sein Lebenslauf.
Und will er was erleben,
dann bucht er ein Hotel,
mit Sandstrand gleich daneben
und Kabelfernsehn, gell?

JAHR VORBEI

Und wieder ist ein Jahr vorbei.
Der Erde ist das einerlei,
doch Menschen ist es wichtig.
Das finde ich nicht richtig.
Denn älter wird man jeden Tag,
und nicht nur an Silvester.

OH MUTTER

Oh Mutter, du bist nun halt ältlich,
im Gesicht ein bisschen fältlich,
eingefallen unter'n Ärmchen,
hörst auch nicht mehr jedes Lärmchen,
aber insgesamt, verdammt,
alle finden dich charmant.
Und drum dank zum Muttertag ich
dir für alles, denn ich mag dich.

ZUM MUTTERTAG

Ich denk an dich, mein Mütterchen,
lass nichts dich mehr erschütterchen,
das wünsch ich dir.
Und ist's auch manchmal bitterchen,
dann trink ein halbes Literchen
vom guten Bier.
Ich danke dir
Und wünsche dir das Beschdle.
Feiere feste Feschdle.

MUTTER UND SÄUGLING

Du lieblicher Säugling in deinem Wagen,
du spuckst so salopp aus deinem Kragen.
Die Mutter guckt seltsam, es ist ihr schon schlecht.
Und trotzdem, sie liebt dich, bei Täg und bei Nächt.

KOSMISCHES GEBET ZUR JAHRTAUSENDWENDE

Oh Gott, komm doch mal da heraus
aus deinem kosmischen Getümmel
und schick nicht nur den Nikolaus,
hau sie doch selbst, die Lümmel:
die Autofahrer, die nicht blinken,
die Männer, die nach Axe stinken,
die Jungen, die nichts andres schätzen
als ihre blöden Edelfetzen,
die Hartmuts, die's so wichtig haben,
die Alten in den fetten Wagen,
die Handy-überall-Idioten,
die Techno- und Hip-Hop-Chaoten,
und aus dem Auto dröhnt es laut.
Oh Gott, dass die mal einer haut.
Die Dummen, die beim Unfall gaffen,
auch die Kollegen, die nichts schaffen,
die Kaffeetrinker, die die Tassen
verdreckt ganz einfach stehen lassen,
die Kacker, die das Klo nicht putzen,
und Hundehalter musst du stutzen.
Aus deinem Kosmos komm doch her,
oh Gott, und hau sie kreuz und quer,
die alle und dazu noch mehr,
damit mal wieder Ruhe wär.

JOGGING IM HERBST

Feucht verklebter Sommerstaub,
Pfützen auf dem braunen Laub,
Pilze voll mit weißem Schimmel.
Tropft der Schweiß od tropft der Himmel?
„Oder" heißt das, „entwod-eder".
Deutsch ist leicht, das kann doch jeder.
Und die Füße stampfen Boden,
unverdrossen, die Idioten.
Jetzt ist's Herbst, so denkt's Gehirn.
Herbst, den haben Dichter girn.
Nebel gibt es heute nicht,
darum endet das Gedicht.

BIG BROTHER

Ach, wie sind die süß.
Und echt total so supersüß.
Und alle mögen sich gut leiden.
Und alles sieht so super aus.
Die beste Sendung aller Zeiten.
Und leider flog der Zlatko raus.
Liebe Kamera, Big Brother,
alle sehn mir heute zu,
alle sind wie der Verfasser
und alle sind wie ich und du.

DIGITALE GRÜSSE

ich bin so schrecklich digitalisiert
mein handy klingelt sms-ig
durch e-mails werd ich informiert
die gps-frau führt mich lässig
wo immer ich mich auch verkrieche
das internet ist längst schon da
und bin ich inder oder grieche
stets heißt die welt amerika

Anlass des Gedichts war ein Artikel in den „Aalener Nachrichten" vom 19. August 2002 mit dem Titel „Ein Vorschlag lautet, Eintritt zu verlangen". Darin hieß es unter anderem: „Größer könnte der Kontrast nicht sein. In der Wittenberger Schlossstraße sonnen sich die Menschen in den Cafes, verzehren Eis und Torte mit Schlagsahne und unterhalten sich lang und breit über das Hochwasser. Nur knapp 30 Meter entfernt sind zur gleichen Zeit Hunderte von zumeist jungen Helfern damit beschäftigt, den heranschwappenden Elbfluten den Weg in die Innenstadt zu versperren."

BEITRAG ZUR FLUTKATASTROPHE
IM AUGUST 2002

Wir saßen in Wittenberg (Lutherstadt)
und hatten noch trockene Füße,
und da der Luther 'ne Mutter hat,
da schrieben wir ihr schöne Grüße.

Die Elbe stieg in ihrem Bette an,
sie schmatzte an Schlosskirch und Altstadt,
die Leute schrien Rette wer retten kann.
Wir wussten nicht, wer schon bezahlt hat.

Das Bier war verteuert, der Kanzler war schuld,
es drückte auf Hirn und auf Blase.
Man hätte zwar gerne viel wen'ger gestrullt,
doch ging man stets zweimal pro Glase.

Die Kinder, sie spielten, man wusste nicht was,
und riefen stupid gleiche Worte.
Wir tranken und dachten so dies und so das
und manchmal auch, dass man sie morde.

Es hieß, dass der Fluss alles weichkauen tu,
wodurch kaum ein Damm je Bestand hat.
Wir schauten dem Volke beim Deichbauen zu,
die Kneipe hieß liebevoll Sandsack.

Und bald ist es Vollmond, da steigt noch die Flut,
und da gibt's wieder massenhaft Kinder.
Das glaubt man nicht gern, und das ist auch nicht gut,
und jetzt denkt ihr, der Dichter, da spinnt er.

Beziehungskisten

Liebe zum Mitmachen, der Geschlechterkampf im Tierreich, immer wieder Heine, Erkenntnisse in den Aalener Limes-Thermen und: Der Urwald weiß Bescheid.

TARZAN HING AN DER LIANE

Tarzan hing an der Liane,
schwang seit Tagen hin und her,
hin und her schwang er seit Tagen
und das Schwingen fiel ihm schwer.
Denn er war so furchtbar sämlich,
weil Frau Tarzan, Jane, war grämlich,
und das ärgerte ihn sehr …

(Ein Ruf aus dem Urwald)
Tarzan, Tarzan,
nimm den Prügel,
hau die Jane, das mag sie doch,
und dann gleite über Hügel
in das wildbemooste …

PARADIES

Eva baumelt am Ast, pflückt sich Äpfel,
Adam stapft durch den Urwald und denkt.
Eva schreit: „Adam, mach Schluss mit Gestäpfel!"
Adam wünscht, dass sie noch lange da hängt.
„Eva, was machst du am Ast dort, mein Püppchen?
Suchst du mal wieder nach frischem Gemüs?"
„Adam, ich mach dir fein's Apfelbreisüppchen."
Erotik pur im Paradies.

I WILL CHANGE YOUR LIFE

Überall sind bunte Rosen,
überall ist Küchenduft,
und der Papa bügelt Hosen
in der frischen Frühlingsluft.

Und das Auto fährt geschmeidig
durch die irisch grüne Welt.
Mamas Brautkleid gleitet seidig,
beim Versandhaus neu bestellt.

I will change your life at home,
oh I will change your life at home.
You don't worry, you don't bother,
switch the tv on and go.

Und der Braten brutzelt leise
und die Fliesen blitzen blank.
Papa denkt an seine Reise
und sein Depot bei der Bank.

Mama sitzt am Autosteuer,
hat die Kinder, und das zählt.
Und das Auto war nicht teuer,
beim Versandhaus neu bestellt.
I will change your life ...

Papa putzt die Küchenmesser,
er hasst Mama schon seit lang.
Doch beim Putzen geht's ihm besser,
und er putzt auch gleich den Gang.

Und die Mama denkt an morgen,
an die Hochzeit und an Fred.
Hat sie's Geld nicht, kann sie's borgen,
und der Fred ist wirklich nett.
I will change your life ...

DER KULTIVIERTE SCHWIMMER

Edles Gemäuer, gebrochene Säulen,
ein stumpfer Pfeil, AOK-Mann im Wasser.
Schriller Ton, Mezzosopran, äußert sich verletzend
über nicht Anwesende.
Bezahlte Kraft, weiblich,
schließt für Unbefugte die Türen,
bewegt die Arme, steht breitbeinig,
weiße Sporthosen, Badesandalen.
Die will ich nackig sehen.
Splitterfasernackt.
Seine pergamentene Seele, wasserabstoßend,
sucht Halt, findet ihn.
Wir beginnen.
Mal wieder.

HERZSCHMERZ
(VOR DER WÄHRUNGSREFORM)

Erzähl mir nix, erzähl mir nix,
die Tage werden trüber.
Ich liebe dich wie jedes Jahr,
doch Margot mag ich lüber.

Erzähl mir nix, erzähl mir nix,
mein Freund heißt Peter Pimpel,
er ist schon Oberstudienrat,
und du, du bist ein Simpel.

(Spricht)
Erzähl mir nix, erzähl mir nix,
ich geh jetzt in die Linde,
da kost' die Halbe noch drei Mark,
was ich verlockend finde.

(Denkt)
Erzähl mir nix, erzähl mir nix,
ich hol jetzt meine Flinte
und knall dich ab, du altes Aas,
weil ich dich scheiße finde.

HAHN ODER HENNE

Mich interessieren weder Hahn noch Henne,
wenn auch, oberflächlich gesehen, der Hahn
schöner ist als die Henne.
Aber die Henne legt Eier,
und das zählt.
Oder auch nicht.
So hat der Hahn den Vorteil,
dass er federführend ist.
Oder die Henne.

Unsere Tochter Jenny musste in der Schule ein Referat über Heinrich Heine vorbereiten. Um ihr den Dichter näher zu bringen, habe ich ein Gedicht in seinem Stil geschrieben. Mir ist dabei erst richtig klar geworden, wie sich die formalen Regeln eines Sonetts auf dessen Inhalt auswirken.

LIEBESSONETT

Die Liebe kommt und geht zu allen Zeiten.
So hielten sie im Mondenschein die Hände
und stapften überglücklich durchs Gelände.
Sie waren jung, sie taten sich gut leiden.

Da war'n der Sterne Glanz, des Mondes Flecken.
Er schaut sie an und sie ihn auch ein bisschen.
Gut sah er aus, sie hatte trotzdem Schisschen.
Da küsste sie ihn frech, er tat sie necken.

Doch das war gestern, lange ist's schon heute.
Sie sind jetzt älter und ganz andre Leute.
Die Sterne glänzen kalt, der Mond ist fleckig.

Die Lieb' ist tot, es geht den Beiden dreckig.
So ist es oft, das weiß ich und ich meine,
das wusste auch der Dichter Heini Heine.

NIX ALS LIEBE (MITMACHGEDICHT)

Ich liebe dich wie
die Gitarre das Meer,
ich liebe dich wie
der Pelz seinen Bär,
ich liebe dich wie
das Papier seine Rolle,
ich liebe dich
wie der Schnee die Frau Holle.
Weitermachen!

Noch was

Eine alte Dampflok, die geliebte Ferne und überhaupt:
das Leben als Abenteuer.

Mein Vater stammt aus einem Alpental in Slowenien,
immerhin mit Bahnanschluss. Sein Vater war dort
Bahnhofsvorsteher. Die Sehnsucht nach der Ferne
wollte ich mit dem folgenden Lied auf die Melodie von
„Wer recht in Freuden wandern will" wiedergeben. Am
Schluss wechselt die Melodie. Gedichtet habe ich das
Lied anlässlich einer Geburtstagsfeier.

SO SCHMAL DAS TAL

So schmal das Tal,
die Berge hoch,
da drunten steht mein Elternhaus.
Die Züge fahr'n tagein, tagaus,
sie fahren in die Welt hinaus.
Die Züge fahr'n tagein, tagaus.
Sie fahren in die Welt hinaus.

Sie fahren, sie fahren in die Welt hinaus.
Es rauscht der Bach
zum Meer hinab,
die Mutter in der Küche steht,
der Vater pfeift, ein Zug fährt ab.
Wie ruhig so ein Tag vergeht.
Der Vater pfeift, ein Zug fährt ab.
Der Vater pfeift, ein Zug fährt ab.
Wie ruhig, wie ruhig so ein Tag vergeht.

Oh Alpental,
oh Heimatort,
es läuten deine Glocken.
Da steht die Kirch am Berge dort,
es rauscht der Wald so lockend.
Es steht die Kirch am Bergerl dort,
es steht die Kirch am Bergerl dort,
der Wald rauscht, der Wald, er rauscht so lockend.

(Wechsel auf die Melodie von „Nimm mich mit, Kapitän, auf die Reise")

Nimm mich mit, schwarze Lok, auf die Reise,
auf die Reise in die weite, weite Welt.
Nimm mich mit, schwarze Lok, auf die Reise,
bis nach Bled und wohin es dir gefällt.
Nimm mich mit, schwarze Lok, auf die Reise.
Und der Vater salutiert am Schienenrand.
Nimm mich mit, schwarze Lok, auf die Reise.
Heizer heizt, Schornstein raucht, Kessel dampft.
Nimm mich mit, schwarze Lok, auf die Reise.
Schön die Fahrt, schön die Welt, schön das Land.

Später lebte mein Vater in dem Städtchen Videm an der Save im alten Jugoslawien. Von dort unternahm er eine Reise nach Kotor an der Dalmatinischen Küste, um sich in der Marine-Maschinenschule anzumelden. Das folgende Lied lässt sich auf die Melodie von „Chatanooga Choochoo" (Glenn Miller) singen und heißt „Vlak za Kotor" (Zug nach Kotor)

VLAK ZA KOTOR

Vlak za Kotor,
das ist der Zug ins Abenteuer.
Ich will zur See!
Oh Heimat, na svidenje! (Auf Wiedersehen)
Sei mir gegrüßt,
du wildes Land der Bosniaken!
Alles ist neu.
Das ist's, worauf ich mich freu.

Banja Luka, Sarajevo, Kotor am Meer,
klingt ganz anders als nur Videm,
da komm ich her.
Unbekannte Ferne,
dich hab ich so gerne.
Adria, ach Adria, ich komme schon.

Rauch und Dampf, die Schienen rattern,
Landschaft zieht hin,
's riecht nach Knoblauch, Schwefel, Schweiß
und viel Nikotin.
Schau die Minarette
und die Türkenstädte.
Adria, ach Adria, ich komme schon.

Lang ist die Fahrt,
ich bin allein mit off'nen Augen.
In dieser Welt
bin ich mein eigener Held.
Ich seh' mich schon
ganz stolz auf der Kommandobrücke.
Um mich die See,
die Uniform weiß wie Schnee.

Banja Luka, Sarajevo, Kotor am Meer,
klingt ganz anders als nur Videm,
da komm ich her.
Unbekannte Ferne,
dich hab ich so gerne.
Adria, ach Adria, ich komme schon

Es stampft das Schiff,
der Schornstein raucht,
es rauscht hinterm Heck.
Es riecht nach frischer Farbe,
alles sauber, kein Dreck.
So wird bald mein Leben,
lasst uns einen heben!
Adria, ach Adria, ich komme schon.

Vlak za Kotor,
das ist der Zug ins Abenteuer.
Ich will zur See!
Oh Heimat, na svidenje.
Am Horizont seh ich die Sonne glänzend untergehn.
Ich folg' ihr auf die Reise. Welt, dich werd' ich sehn

Ich spiele in der Aalener Rockband mit dem sinnigen Namen „Faltenrock". Um die Geschichte der Band musikalisch wiedergeben zu können, bekam ich den Auftrag, „Verdamp lang her" (von der legendären Kölner Band „BAP") ins Schwäbische zu übertragen. Hier ist das Ergebnis.

VERDAMMT LANG HER

Verdammt lang her, mir sind schon nemme jung gwäh.
Verdammt lang her, henn denkt, mir wäre alt.
Ganz klar, mir henn vielleicht auch danach ausg'säh,
paar graue Haar und Falte halt.
Und jeden Tag, wenn du um Sechse rum aufstehsch,
do fragsch du dich, ob's dir so g'fallt.

Am Tag der Job und abends vor der Glotze.
Da lauft was falsch, dass dich richtig friert.
Koi Perspektive, 's isch doch grad zum Kotze,
des henn mir alle bald kapiert.
Dass man was tut, dass man was Neues ausprobiert,
verrückt vielleicht, ganz ungeniert.

Und unsre Platte, die schon lang im Schrank
verstaube,
die von da Stones, Deep Purple und noch viele mehr,
die aus da Sechzger, mit 'm Groove, du sollsch 's net
glaube,
des war Musik, des isch verdammt lang her.
Kann doch net sei, dass es die nemme gebe sollt.
Mir spiele selber, dass richtig rockt und rollt.

Der Bruno isch bei Faltenrock der Super-Sax-Mann,
dem Richard sein Bass, den spürsch ganz tief im
Bauch,
am Schlagzeug zeigt die Susi, was die Frau kann,
und die Helmuts, die spiele, dass es nur so raucht.
Und wenn beim Richy die Gitarre richtig heult,
dann singe Mick und Chuck und Rudi und noch viele
mehr.

Verdammt lang her,
verdammt lang her,
verdammt lang her ...

Bonus-Geschichte:
Jesus kam bis Bergamo

Sie saßen auf unangenehme
Weise aneinander gedrängt

Adelina lebte sich schnell ein

DER TORRE ZANZARA steht auf einem bewaldeten Felsen über dem Valchiavenna in Norditalien. Die Bevölkerung nennt ihn Schnakenturm (ital. zanzara bedeutet Schnake), weil Tausende von Stechmücken die mittelalterliche Festung rund um den Torre vor neugierigen Touristen schützen, so wie dort früher die Soldaten feindliche Truppen von deren Eroberung abhielten. Hinter dem Felsen mit dem steil aufragenden weißen Schnakenturm stürzt ein Wasserfall aus einer Bergwand der Lepontinischen Alpen.

Capello Bianco hieß der alte Ritter, der dort mit der Jungfer Adelina eine unstandesgemäße Beziehung lebte, während in der Festung nur noch ein von Zeit und Landesherren vergessenes Soldatenhäufchen hauste, ungepflegt und graubärtig wie der Ritter selbst.

Der Ritter Capello Bianco hatte Adelina auf einer seiner unsteten Reisen durch das Valtellina und das Valbregaglia kennen gelernt, auf der Suche nach Antiquitäten und bizarren Gegenständen, denn der Ritter war ein großer Kunstliebhaber und erfolgloser Künstler. Zu dieser Zeit hatte er bereits die Sechzig überschritten, ein vierschrötiger und staubtrockener Junggeselle. Die Hoffnung auf eine Frau hatte er längst aufgegeben, in seiner Philosophie tauchten diese nur als schattenhafte Randfiguren auf, in der Küche oder beim Wäschewaschen.

Adelina war auch nicht mehr die Jüngste, eher vom knochigen Gebirgstyp, braungegerbte, etwas runzelige Haut im Gesicht und auf erschreckende Weise offen. „Wollen Sie meine Brüste sehen oder vielleicht nur meine nackten Oberarme?", fragte sie den Ritter. Sie saßen auf unangenehme Weise aneinandergedrängt in einer überfüllten Postkutsche auf dem Weg zu dem Städtchen Poschiavo, es dunkelte bereits und immer wenn der Lappen, der als Fenstervorhang dienen sollte. bei einem Ruck auf der holprigen Straße zur Seite geschleudert wurde, kam ein Guss Regenwasser durch die Öffnung, vor dem sich die Reisenden erfolglos zu schützen versuchten. Capello Bianco hatte in dieser zwielichtigen Situation seine Reisebegleiterin wohl zu lange angestarrt.

Der Ritter war erschüttert oder verwirrt und auf seltsame Weise entschlossen, diese schwierige Lage zu meistern, wenn auch mit reduzierter Spontaneität, und so antwortete er nach einer angemessenen Pause: „Nun ja, das hätten Sie besser nicht fragen sollen." Am nächsten Morgen waren sie ein Paar.

Die Brüder Moretti saßen auf der Steinbank vor dem Tor der zerfallenden Festung des Torre Zanzara und überlegten sich, wie sie den Nachmittag auf sinnvolle Weise beim Klettern verbringen könnten. Bernardo, der jüngere Bruder, ereiferte sich zum sehr oft wiederholten Male über das Bellen der Wachhunde in der Nacht, die von ihrem krummbuckligen Herrchen, dem Marescallo Antonio, schon lange nicht mehr erzogen wurden. Zum sehr oft wiederholten Male antwortete ihm Alfredo, genannt Fredu, der ältere Bruder: „Werde erst einmal so schwerhörig wie ich, dann stört dich das nicht mehr. Und wann wird es endlich wieder Winter?" Weil nämlich, die Brüder Bernardo und Fredu Moretti waren begeisterte Eiskletterer. Jeden Winter schnallten sie Eisenspitzen an ihre Ziegenlederstiefel – in Chiavenna billig erworben unter Hinweis auf ihre schützende Erwerbstätigkeit und die damit verbundene Waffengewalt – und kletterten den zugefrorenen Wasserfall hinter dem Torre Zanzara hinauf.

Es raschelt und wiehert und keucht, versetztes Hufgetrappel, ein Pferdefurz behaucht das freie Gelände vor der Mauer und die Nasen der Brüder, dann tauchen im Schatten der Kastanienbäume vier ziemlich verbrauchte Rösser auf, eines reitet der Hausherr Capello Bianco, eines die Adelina und zwei tragen Gepäck, Kästen und Säcke, begleitet von einem Saumtiertreiber.

„Guten Abend, Fredu, guten Abend, Bernardo", sagt der Ritter, „schönes Wetter heute."

„Ja, nur ein bisschen schwül, die Mücken stechen", antwortet Fredu.

„Willst du mich denn nicht vorstellen?", fragt Adelina.

„Nun ja, das ist Frau Adelina", sagt der Ritter.

Und so zogen Capello Bianco und Frau Adelina in der Festung des Torre Zanzara ein. Er zeigte ihr seine Antiquitäten: Jesus am Kreuz, die schmerzhafte Muttergottes, das Abendmahl, Kreuz ohne Jesus, Maria und Kind, Jesus am Ölberg, Gottvater im Himmel undsoweiter. Dann zeigte er ihr seine eigenen Produktionen, mit verhaltenem Stolz („Nun ja, ich dachte mir, man könnte diese Geschichte aus Galiläa mehr an unsere alpenländische Umgebung anpassenl."): eine Maria im Dirndl, einen Josef mit Gamsbart am Hut und einen Heiland mit Lederhosen statt Lendenschurz.

„Ein Jesus kam übrigens nach Bergamo", berichtete er beiläufig, „ich habe ihm echte Eselshaare am Kopf appliziert. Er hängt dort im Dom, aber leider nur in einer Seitenkapelle."

Adelina lebte sich schnell ein. Sie mochte diesen knorrigen, verschrobenen älteren Herrn und holte das Beste aus ihm heraus, vor allem nachts, wenn es dunkel war. Nun ja. Am Tag ging sie gern im Wald spazieren. Es war Spätsommer, da konnte man Esskastanien sammeln, auch – für die Hochgebirglerin ungewohnt – noch Feigen finden. Dann überraschte sie oft der für das Valchiavenna berüchtigte Wetterwechsel und sie saß stundenlang bei rauschendem Regen in ihrer Kemenate unter der steinernen Gewölbedecke beim Geruch von Kaminfeuer und Apfelmost.

Doch eines Tages erschrak sie sehr. An der Wand hing ein Tier, das sie nicht kannte. Es sah aus wie ein kleiner Krebs, hatte aber einen bedrohlichen Schwanz mit Stachel, der nach oben gekehrt war. Der schnellstmöglich herbeigeholte 80-jährige Diener Giovanni konnte das Tier zwar wegen seiner Sehschwäche nicht erkennen, stufte es jedoch nach einer detaillierten Beschreibung als Skorpion ein, nahm seinen Schuh, schlug zweimal daneben und tötete das Tier beim dritten Mal. Er konnte die Furcht der Adelina dadurch allerdings nicht beseitigen.

Der Medicus, ein rüstiger 70er mit Augengläsern, wusste Rat. „Lavendel", sagte er, „scheuen diese Tiere. Der wächst hier wild in den Steineichenwäldern. Ich habe im Juni welchen gepflückt. Den musst du in deinem Zimmer verstreuen. Dann ziehen die Skorpione den Schwanz ein."

Dann kam der Herbst mit seinen klaren Tagen und den kalten Winden vom Splügenpass herunter. Adelina durchstreifte noch die Wälder. Sie hatte sich Stellen gemerkt, an denen es Steinpilze gab, im Moos verborgen. Die sammelte sie und zauberte ihrem Capello schmackhafte Gerichte daraus: Steinpilz-Kastanien-Suppe, Steinpilz-Polenta, Steinpilze im Weißweinsud mit dem guten Weißwein aus dem Veltliner Tal, panierte Steinpilze oder einfach Steinpilz an Petersilie und Ei.

Dann kam der Winter und das Valchiavenna konnte nur noch mit dem Schlitten befahren werden. Der Aufstieg zum Torre Zanzara war fast unmöglich. Das Häufchen Menschen in der kleinen Festung beschäftigte sich auf unterschiedliche Art und Weise. Der Marescallo Antonio streichelte seine Hunde und bekam dabei ihre Flöhe, konnte das nächtliche Bellen aber nicht verhindern. Der Diener Giovanni schlapp-schlappte durch die Gewölbe, in denen es nach Kaminfeuer und Apfelmost roch. Der Medicus botanisierte über seine Augengläser hinweg, die einfachen Soldaten schlugen

Holz in den Wäldern oder spielten Karten oder tranken die Vorräte leer. Die Brüder Moretti konnten endlich ihre eisenbeschlagenen Stiefel anziehen und die Eispickel packen, denn der Wasserfall hinter dem Torre war zugefroren und somit bekletterbar. Adelina sah mit angehaltenem Atem, wie die Beiden aufstiegen, die ja auch nicht mehr die Jüngsten waren. Sie wiederholten dieses Kunststück mehrmals am Tag, denn sie wollten einen neuen Rekord aufstellen.

Adelina und den Ritter sah man immer häufiger in Capellos Antiquitätensammlung und in seinem Atelier. Sie sprachen über die Kunst und über die Welt. Einmal fragte Adelina ihren Capello: „Warum arbeitest du eigentlich nicht mehr in deinem Atelier?" Und er antwortete nach einer angemessenen Pause: „Seit ich dich habe, brauche ich das nicht mehr."

Am besten gefiel Adelina der Heiland in Lederhosen. „Der erinnert mich an dich", sagte sie und der Ritter lächelte ungeschickt.

Als Weihnachten vorüber war und die eisigen Rauhnächte Wald und Berge in eine starre und stumme bläulich-weiße Landschaft verwandelt hatten, sagte Adelina: „Der Winter in den Bergen ist immer wieder schön. Du, ich möchte mit dir nach Bergamo fahren und im Dom deinen Jesus mit den Eselhaaren sehen."

„Nun ja", meinte der Ritter, wegen des Widerspruchs verblüfft, „warten wir doch, bis der Schnee geschmolzen ist und die Wege frei sind, dann reist es sich angenehmer." Doch zu seiner Überraschung bestand Adelina darauf, noch jetzt im Winter zu reisen. Und sie ließ sich nicht davon abbringen.

„Ihr nehmt am besten das Maultier bis San Pietro, denn die Pferde sind im Schnee nicht so trittsicher", empfahl der erfahrene, fast schon blinde Diener Giovanni im Vorüberschlappen. Er hatte das Gespräch mitgehört und verstanden.

Es ging an die Reisevorbereitungen. Und kurz nach Dreikönig war es dann soweit. Die Maultiere brachten das Paar trittsicher hinunter nach San Pietro an der reißenden Mera. Von dort war es nicht weit bis zum Kloster San Giovanni. Man nahm den Schlitten. Damals reichte der Comer See übrigens bis San Giovanni, so dass man ab hier das Schiff nehmen konnte nach Lecco am anderen Ende des Sees. Die Überfahrt verlief ruhig. Hier, fast schon in der Tiefebene, gab es glücklicherweise kaum Schnee und die Wege waren passierbar. Bergamo erreichte man mit der Kutsche in zwei Tagen.

Und dann standen sie vor dem Heiland mit den Eselhaaren, Adelina und ihr Ritter Capello Bianco, in der Seitenkapelle des Domes von Bergamo, droben in der Oberstadt, der Citta Alta, und Adelina sagte zu Capello Bianco: „Der ist ja ganz schön wuschelig. Du hättest ihn besser kämmen sollen."

Kurz nach ihrer Rückkehr in den Torre Zanzara starb Adelina. Einfach so. Der Tod hatte sich nicht angekündigt und man rätselte, was die Ursache gewesen sein könnte. Der rechte Unterschenkel war etwas angeschwollen, so dass der Medicus auf den Stich eines versprengten Skorpions tippte. Aber mit Sicherheit konnte er das nicht sagen.

Der Ritter war wieder allein. Nun ja. Er nahm die Arbeit in seinem Atelier wieder auf. Er schnitzte nur noch den Jesus in Lederhosen, Tag für Tag. Er wollte einen Rekord aufstellen.

Vigazzolo, Valchiavenna, Italien, 31.8.2014

Inhalt

Von Rudi Marvin ist außerdem erschienen:

Rudi Marvin
Ako
Roman
304 Seiten, broschiert, 15 €

Zunächst war da ein Traum mit präzisen Details und erschütternder Intensität. Am nächsten Tag stand das Konzept meines Romans fest:

Ein älterer Aussteiger aus Deutschland will seinen Lebensabend auf einer Insel in Südostasien verbringen. Er hat keine Rückkehrmöglichkeit, als Europa atomar verseucht wird. Kämpfe um die Unabhängigkeit der Insel. Fluchtversuche. Seine Verantwortung für ein Kind. Der Aufstieg zu den Ur-Akos. Und gleichzeitig kam mir der Sinn des Ganzen zum Bewusstsein, denn wie jeder Traum hatte auch dieser Bezug zur Realität.

Der Roman wurde 1989 auf der Frankfurter Buchmesse veröffentlicht.

Erhältlich beim Autor: rmarvin@web.de

Von Rudi Marvin ist bei epubli.de erschienen:

Rudi Marvin
Rudis Geschichten
Softcover, 12,50 €
ISBN 978-3-8442-7258-1

In dem knapp hundertseitigen Bändchen befinden sich zwei Gedichte sowie 18 kürzere und längere Geschichten. Sie handeln in der Steinzeit, vom 80-jährigen Goethe, in der Gegenwart, spielen am Atlantik, auf der Schwäbischen Alb, auch in der Slowakei, sind leicht verdaulich und raffiniert gewürzt.

Darin geht es um die Kunst, die Liebe, um merkwürdige Erlebnisse auf Reisen, um Essen und Trinken, auch um Religion. Titel wie „Nagelfluh", „Schneckle" oder „Die Wassergöttin von Quinipily" versprechen Ungewöhnliches.

Zusammengefasst sind die Texte in drei Abteilungen: „Geschichten vom Braunen Jura", „Der iranische Vetter" und „Männer, Frauen und lauter so Geschichten".

Rudi Marvin

**Rudis
Geschichten**

Die Illustrationen sind von Uli Natterer.

Ein lockerer Lesegenuss – Rudis Geschichten
Erschienen 2013

ISBN 978-3-7418-7040-8

www.epubli.de